Ire LETTRE

SUR LE MANS ET SUR SES ENVIRONS.

A M. URSIN (de Nantes), membre de la Société Philotechnique de Paris et de plusieurs Académies et Sociétés savantes.

—Il est trop vrai , mon cher Ursin ,
Et je ne le dis qu'avec peine ,
Dans la capitale du Maine
Je suis fixé par le destin ;
Mais , mon ami , quoiqu'on en vante
Les chapons bien dodus , bien gras ,
D'Angers les vins si délicats
Pourraient mieux remplir mon attente ;
Et , d'Angers pour se rendre à Nantes ,
On n'a plus à faire qu'un pas.

Vous vous attendez peut-être , mon ami , que je vous entretiendrai de la ville que j'habite aujourd'hui , mais je ne pourrais rien vous en dire que vous ne sachiez , sans doute , mieux que moi , d'après les connaissances historiques que vous possédez.

D'ailleurs , à peine arrivé au Mans , je n'ai eu que le tems de jeter un coup d'œil rapide sur les monumens qui décorent cette ville : j'y ai remarqué le palais de la Préfecture , et surtout la Cathédrale , dont le chœur majestueux mérite de fixer les regards.

L'intérieur du Palais de justice m'a paru parfaitement distribué : c'est un des plus beaux palais qu'on puisse citer , après celui de Rennes. Il est fâcheux que la façade ne réponde pas à l'intérieur de cet édifice qui , malgré les colonnes placées au haut du perron , annonce moins un palais qu'un presbytère.

Je puis maintenant vous parler des maisons élégantes de plusieurs habitans de cette ville , et surtout de celle d'un respectable député du département de la Sarthe (M. Hardouin), d'où l'on découvre des sites enchanteurs : je ne passerai pas non plus sous silence les jardins délicieux qu'on trouve dans le sein même de la ville , et qui rivalisent , pour l'agrément , avec les jolis jardins que nous allons voir, avec tant de plaisir, dans les environs de Paris.

Je me hâte d'arrêter vos yeux sur un local dont quelques particuliers ont tiré un bon parti, et qui offre des souvenirs bien intéressans ; je veux parler des *Arènes*. On a conservé ce nom à un amphithéâtre qu'avaient fait construire les Romains ; on y retrouve encore des vestiges qui indiquent sa destination première.

Je dois, en attendant que les graves occupations dont je suis chargé me permettent, dans une seconde lettre, de vous offrir de nouveaux détails, vous parler des hommes qui marquent au Mans, et par leurs talens et par les places qu'ils occupent. Je ne vous dirai rien de M. de Bellisle, préfet du département de la Sarthe ; ancien camarade de son père, honoré de la bienveillance de son ayeul mort chef d'escadre, que Louis XV n'appelait jamais que son *Gendarme marin*, je craindrais que l'éloge du petit-fils ne parût suspect dans ma bouche ; cependant, comme historien fidèle, il m'est impossible de vous entretenir du Mans sans vous dire que le préfet de la Sarthe y est estimé et vénéré, et, ce qui doit le flatter encore davantage, qu'il y est aimé généralement de tous ses administrés.

Le marquis de Rochemore, maréchal-de-camp et commandant dans cette ville, y jouit aussi de l'estime publique que lui ont méritée ses qualités personnelles, ses égards pour toutes les classes de citoyens et son affabilité envers les étrangers.

Je vais vous parler maintenant du tribunal : vous dire que le président est pénétré de toute l'importance de ses devoirs, c'est assez vous faire connaître la manière dont il les remplit ; je dois aussi payer le même tribut à M. le procureur du Roi, aussi intelligent qu'actif, *nil actum reputans, si quid superesset agendum*. Je n'oublierai pas non plus les juges intègres et laborieux dont se compose cette cour de justice ; au reste, on est beaucoup moins processif au Mans que vous ne pourriez le croire, ce qui fait nécessairement l'éloge des avocats et des avoués, qui quelquefois ne cherchent qu'à faire naître et à perpétuer les procès.

Vous qui êtes religieux, mon ami, vous me ferez sans doute un reproche de ne vous avoir pas encore parlé de notre clergé : je vais vous satisfaire en vous apprenant qu'il jouit de la plus grande considération ; son vénérable chef, M. de Pidoll, touche à la fin d'une carrière recommandable par quatre-vingts ans de vertu ; déjà on le regrette, vu son âge qui fait craindre qu'on ne le perde encore trop tôt ; et tout le monde convient que, lorsque nous ne posséderons plus que sa dépouille mortelle, il sera plus aisé de lui succéder que de le remplacer.

Dans ma première lettre, je vous parlerai de la Société des

Sciences et des Arts établie au Mans, ainsi que de la Bibliothèque publique confiée aux soins de M. Renouard, savant très-distingué, dont j'aurai occasion de vous entretenir, ainsi que de M. Ledru, l'un des correspondans de notre Société Académique du département de la Loire-Inférieure.

Je vous entends dire d'ici, cher collègue : « Mon ami terminera-t-il sa lettre sans me parler des dames du Mans ? Aurait-il négligé de leur offrir son hommage ? » Que Monsieur Ursin me rende plus de justice ; quoique la plupart des dames soient actuellement à la campagne, il s'en trouve encore assez dans cette ville, pour fixer mon opinion sur le compte des aimables Mancelles, dont la société est douce et pleine d'agrémens ; je la cultive autant qu'il m'est possible de le faire : et c'est beaucoup, à mon âge, que de s'y faire souffrir. On y rencontre des femmes pétillantes d'esprit, et entre autres Madame la marquise de R********, qui en font le charme par leurs talens et leur amabilité ; il en est cependant, car il faut être juste, qui font le tourment de leurs adorateurs, en paraissant s'occuper exclusivement ou de leur serin ou de leur écureuil.

Je crois que des vers adressés à l'une de ces dernières, doivent trouver ici leur place. Ces vers l'ont fait sourire, ainsi vous ne les jugerez pas, mon ami, avec plus de sévérité. Je réclame, en tout cas, votre indulgence pour l'auteur, qui ne rime plus que difficilement et qui aurait beaucoup mieux fait de ne rimer jamais ; mais, comme le disait récemment M. le chevalier de Vigée, à un poète qui lui récitait de mauvais vers et qui ne se le dissimulait pas : « Monsieur, vous n'êtes pas le premier qui ait fait de mauvais vers, et vous ne serez pas le dernier. » . . . . . . Enfin, tels quels, voilà ces vers qu'en toute humilité je place sous les yeux de l'auteur de l'Epître à Molière :

> Veut-on connaître Rosalie ?
> De l'amour, c'est l'enfant gâté ;
> C'est de l'esprit, de la beauté :
> Il faut qu'on l'aime à la folie.
> Mais n'ayons pas le sot orgueil
> De vouloir lui plaire : y prétendre,
> Qui l'oserait ? son cœur est tendre,
> Oui ; mais c'est pour.... son écureuil.

Je reviens, mon excellent ami, à l'humble style de la prose ; c'est le langage du cœur : c'est donc celui qui convient le mieux aux sentimens d'estime et d'attachement que vous a voués pour la vie,

Votre, etc.

1.er octobre 1819.   B.-D.-L.-M.

Blanchere de la Musse

II.ᶜ LETTRE

SUR LE MANS ET SES ENVIRONS,

A M. etc.

Les devoirs de ma place m'obligent quelquefois à faire des excursions *extrà muros* dans la compagnie de M. le procureur du Roi ; mais nous sommes bien dédommagés de la fatigue que cause toujours un déplacement, par le plaisir que nous éprouvons, en parcourant les environs du Mans, à visiter des maisons de campagne, dont plusieurs sont placées sur des hauteurs que couronnent des bois magnifiques, qu'entourent des jardins immenses, où l'art se fait à peine apercevoir. Voilà, mon ami, les retraites charmantes où séjournent presque toute l'année les habitans du Mans, assez heureux pour en apprécier les avantages. Je citerai entre autres la terre de la L. . . . . possédée par M. et M.me D. . L. . T. . . . qui y ont réuni l'agréable et l'utile. C'est là qu'ils renouvellent sans cesse leurs jouissances, en recevant avec amabilité les voyageurs, qui ne s'éloignent qu'à regret de cette terre hospitalière. On m'a dit que, dans toutes les maisons de campagne qui avoisinent le Mans, on pouvait s'attendre à un pareil accueil ; nous en avions déjà fait l'épreuve à la Groie où M. le comte de Sandon nous avait comblés d'honnêtetés.

Nos campagnes sur les bords de la Sèvre sont peut-être plus soignées ; mais aux environs du Mans, la nature semble se développer avec plus de majesté. Ici, chaque maison de campagne peut offrir un temple à la nature, tandis que nos jolies bastides (à Nantes) ne paraissent destinées qu'à lui offrir un boudoir.

De retour de mon dernier pèlerinage, en rentrant au Mans, mon premier soin a été de visiter M. Renouard. Quand on a le bonheur, mon cher Ursin, de cultiver la société d'un tel bibliothécaire, on peut se dispenser de voir la bibliothèque ; elle est toute dans sa tête, tout y est classé avec un ordre admirable. M. Renouard a surmonté bien des obstacles pour établir ce vaste dépôt littéraire, où les jeunes gens vont puiser des connaissances qu'ils perfectionnent ensuite dans la société de ce savant : aussi communicatif qu'instruit, il n'a jamais eu d'autre ambition que d'être utile à ses concitoyens et surtout à la jeunesse.

Je ne vous dirai encore rien de la Société des Sciences et arts du département de la Sarthe : elle est en vacances ; mais les membres qui la composent n'en travaillent pas moins dans le silence du cabinet, en attendant la rentrée de la Société , qui doit avoir lieu à la Toussaint prochaine, époque où l'on doit y recevoir M. De Bellisle, préfet de la Sarthe, si digne d'y être admis à tant de titres. J'ai eu occasion de voir M. le secrétaire de cette Société, M. Houdbert, et j'en ai été très-satifait ; il a paru l'être également de la lecture du procès-verbal de la dernière séance de la Société Académique du département de la Loire-Inférieure ; M. H . . . est en même temps attaché au tribunal du Mans, et, en remplissant ses fonctions de juge avec autant de zèle que d'intelligence, il fournit une nouvelle preuve que l'étude des belles-lettres n'est point incompatible avec celle des lois ; mais il faut aussi convenir, mon ami, que si, comme le dit Voisenon, la poussière des bureaux est mortelle aux muses, l'air épais et narcotique qu'on aspire dans l'autre de la chicane ne leur est pas plus avantageux, et votre ami l'éprouve chaque jour.

> A mes yeux tout se peint en noir ;
> De rimer j'ai perdu l'espoir ;
> Si , pour distraire ma pensée ,
> Je cherche Parny , Colardeau ,
> Soudain , ma Minerve abusée
> Rencontre ou Domat ou Bodreau.
> Cujas prime ici sur Ovide ;
> Je cesse d'en être surpris ;
> Puisqu'au lieu du temple de Gnide ,
> J'apperçois celui de Thémis.

Rendez grâces , mon ami , à un aimable collégue, qui vient me chercher pour promener avec lui , *intrà muros* ; il vous épargne l'ennui d'une longue tirade , car vous savez que mon Appollon est un peu bavard.

Après avoir promené, ou pour mieux dire escaladé plusieurs rues, mon collègue m'a engagé à visiter les Nayades qui rendent tant de services aux habitans du Mans ; mais, tout en leur offrant mon hommage, j'ai regretté que leur culte fût aussi négligé ; je désirerais, pour m'expliquer d'une manière plus intelligible, que les fontaines qui fournissent de l'eau à plusieurs quartiers de la ville fussent l'objet particulier de la sollicitude de l'Édile. Je voudrais enfin que les fontaines fussent soignées comme celle de la place de l'Eperon, où l'on dit que St. Julien, en frappant la terre avec sa crosse, fit jaillir de suite une source d'eau vive, qui manquait à ce quartier.

Vous me direz peut-être, mon ami, croyez-vous beaucoup nous intéresser en nous parlant de vos fontaines, à nous qui jouissons à Nantes du fleuve majestueux de la Loire, à nous qui pouvons citer aussi la rivière de Sèvres et voire même celle de l'Erdre ?

Je ne disconviens pas, mon cher collègue, que nos fontaines ni la rivière de la Sarthe, ne peuvent soutenir la comparaison avec la rivière de la Loire ; mais nous avons des fontaines au Mans, et vous n'en avez point encore à Nantes, où elles seraient cependant si ûtiles, surtout aux habitans qui sont éloignés de la rivière.

Je ne vous parlerai pas encore dans cette lettre de l'auteur du *Roman comique ;* je ne serai dans le cas de vous satisfaire que lorsque j'aurai conversé avec un de nos savans, qui doit contenter ma curiosité à ce sujet, et en même temps me communiquer quelques renseignemens étymologiques sur les noms que portent de temps immémorial plusieurs rues du Mans, où l'on voit encore des maisons qui signalent, comme à *Trèves,* les siècles réculés où elles furent construites.

Songez, mon ami, que je vous écris, *currente calamo,* et que j'ai ici peu de momens disponibles. Ainsi je réclame votre indulgence, sur laquelle je compte toujours, comme vous pouvez compter sur le tendre attachement de votre, etc.

Le Mans, 15 octobre 1819.   B. D. L. M.

III.ᵉ LETTRE

SUR LE MANS ET SES ENVIRONS.

A M. etc.

Je m'empresse, mon ami, de réparer un oubli impardonnable que j'ai commis dans mes précédentes lettres, en ne vous parlant pas de l'abbaye de St.-Vincent, dont le bâtiment, qui sert aujourd'hui de Séminaire, est un des plus beaux de la ville. Les manuscrits très-précieux et très-anciens qu'elle possédait, ont enrichi l'abbaye de St.-Germain-des-Prés.

Après vous avoir parlé, mon cher Ursin, des enfans de St. Benoît, je ne dois pas oublier de vous rappeler cette congrégation qui produisit les Malebranche et les Massillon, et à qui on confia, en 1624, la direction du collége du Mans. C'est là que les Oratoriens se rendirent dignes de la confiance générale, jusqu'à l'époque où la révolution établit un autre mode d'enseignement; c'est là que s'ouvrit la carrière de Fouché, depuis duc d'Otrante, plus heureux sans doute dans cette maison, qu'il ne le fut depuis au faîte des grandeurs. Elle est encore consacrée à l'éducation de la jeunesse. En visitant ce collége, j'ai cru y voir planer l'ombre du comte de Tressan, ce digne ami de Stanislas, que j'ai si souvent rencontré chez M. de Sales, mon ancien instituteur, avec les Gaillard, les Thomas, les Ducis, les Lemierre et autres hommes de lettres, aussi recommandables par leurs vertus que par leurs talens. Ah ! mon ami, ce temps est déjà loin de moi : *Meminisse juvat.*

Je continue mes observations sur le Mans : à l'époque où cette ville contenait à peu près 15,000 ames, on y comptait dix-sept cures, réduites aujourd'hui à quatre, et cependant sa population s'élève dans ce moment à plus de 20,000 ames; de toutes parts elle s'agrandit ; la guerre civile, dont le Mans a été le théâtre, n'a point nui à son commerce : ce qui aurait dû nécessairement le paralyser, lui a donné, au contraire, plus d'activité.

Je viens de voir le cabinet de M. de Clermont, président de la Société des Sciences et des Arts; il est au-dessus de mes forces de vous décrire tout ce qui s'y trouve d'intéressant. Ce savant possède beaucoup de médailles, et, en fait de monnaies, tout ce qui a été frappé depuis Pharamond jusqu'à Louis XVIII. En parcourant ces monumens historiques, la pensée rétrograde en quelque manière avec la même rapidité qu'on les voit passer sous les yeux. Les siècles se pressent, se succèdent, s'engloutissent, et les générations avec eux.

M. de Clermont possède en outre les premières armes et armures que forgea l'homme pour sa propre destruction ou pour sa défense personnelle. On éprouve d'autant plus de plaisir à converser avec cet antiquaire, qu'il paraît s'être livré dès son enfance aux recherches numismatiques et archéologiques ; il a dessiné et colorié lui-même tous les objets qui composent son cabinet dans des manuscrits précieux où il a consigné des observations sages et profondes sur l'art dont il ne cesse de s'occuper avec une ardeur que l'âge n'a point ralentie.

Tout ici, mon ami, intéresse la curiosité ; j'ai parcouru hier la rue de Gourdaine, où les Romains avaient établi des bains publics ; dans un autre quartier, nous avons déjà remarqué l'emplacement d'un amphithéâtre qui pouvait contenir 7,000 personnes ; partout, enfin, on retrouve des traces du séjour des Romains.

Le chœur de la cathédrale dont je vous ai parlé mérite une attention particulière. Je vous avouerai qu'en ma qualité de Breton, ce n'est pas sans orgueil que j'ai vu l'image de notre Bertrand du Guesclin sur les vitraux de cette cathédrale ; il était alors *commandant de la ville, château et faubourgs du Mans ;* c'est peu de temps après qu'il fut nommé connétable de France.

On m'a fait voir la maison qui reçut l'infortuné Charles VI, quand son aliénation mentale mit la France à deux doigts de sa perte.

J'ai vu avec attendrissement le pont sur lequel passa pour la première fois ce monarque adoré, ce Henri qui traita les Cénomans comme le reste des Français, moins en vainqueur qu'en père.

Que de grands hommes j'aurais à vous citer, qui ont séjourné au Mans, ou qui y ont reçu le jour !

Je ne vous nommerai, après le comte de Tressan, que Bernard Lami, dont Bossuet apprécia le savoir, et les deux Garnier, l'un prédécesseur de Corneille dans la restauration de notre théâtre, l'autre successeur de Velly et Villaret, pour la continuation de notre histoire, sans oublier le sage et savant Forbonnais, dont M. de Sales a consacré la mémoire par un éloge qui les honore tous les deux.

Je vous quitte, mon ami ; je ne vous écris que lorsque j'ai quelques momens disponibles, et vous savez que j'en ai bien peu au Mans.

Daignez, etc.

28 octobre 1819.

B. D. L. M.

Au Mans, Imprimerie de FLEURIOT, rue Royale, n.° 26.